Medidas naturales

La medida de objetos

Dianne Irving

Créditos de publicación

Editor
Peter Pulido

Editora asistente
Katie Das

Directora editorial
Emily R. Smith, M.A.Ed.

Redactora gerente
Sharon Coan, M.S.Ed.

Directora creativa
Lee Aucoin

Editora comercial
Rachelle Cracchiolo, M.S.Ed.

Créditos de imágenes

La autora y el editor desean agradecer y dar crédito y reconocimiento a los siguientes por haber dado permiso para reproducir material con derecho de autor: portada Big Stock Photo; p.1 Pearson Education/Alice McBroom Photography; p.4 Photolibrary.com; p.5 (superior) Photos.com; p.5 (fondo izquierdo) Photos.com; p.5 (fondo derecho) Photodisc; p.8 Pearson Education/Alice McBroom Photography; p.9 Photolibrary.com/Alamy/Joan Wakelin; p.10 (ambas) Photos.com; p.12 Photos.com; p.13 Photolibrary.com/Alamy/Neil McAllister; p.14 Rob Cruse; p.15 (superior) Photolibrary.com; p.15 (fondo) iStockphoto; p.16 Photodisc; p.17 Big Stock Photo; p.18 Getty Images; p.19 Art Archive; p.20 Photolibrary.com/Allyson Bunting; p.22 Big Stock Photo; p.23 Big Stock Photo; p.24 Photolibrary.com; p.25 Photodisc; p.26 Big Stock Photo; p.27 Pearson Education/Alice McBroom Photography; p.28 Shutterstock; p.29 Big Stock Photo. Ilustraciones en pp. 6, 7, 11, y 21 por Virginia Gray.

Aunque se ha tomado mucho cuidado en identificar y reconocer el derecho de autor, los editores se disculpan por cualquier apropiación indebida cuando no se haya podido identificar el derecho de autor. Estarían dispuestos a llegar a un acuerdo aceptable con el propietario correcto en cada caso.

Teacher Created Materials

5301 Oceanus Drive
Huntington Beach, CA 92649-1030
http://www.tcmpub.com

ISBN 978-1-4333-0503-0
© 2009 Teacher Created Materials
Printed in China
Nordica.082019.CA21901278

Contenido

¿Por qué medir?   4

Medir la longitud   6

Medir la distancia   11

Medir el volumen   12

Medir el peso   14

Medir el tiempo   16

Uniformar las medidas   18

Antes y ahora   23

Actividad de resolución de problemas   28

Glosario   30

Índice   31

Respuestas   32

¿Por qué medir?

¿Cuál es tu estatura? ¿De qué tamaño es tu casa? La gente necesita medir cosas. Las medidas son necesarias para construir. Las medidas son necesarias para hacer ropa y vender **mercancía**.

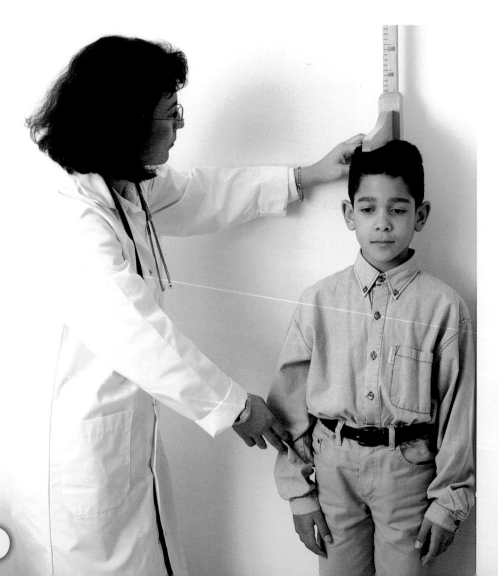

En el pasado, la gente usaba cosas **naturales** para medir. Éstas incluían partes del cuerpo y el sol. También se usaron piedras y semillas. La gente creó maneras diferentes de medir.

Hace mucho tiempo, la gente usaba muchas cosas naturales para medir el tiempo, la longitud y el peso.

Medir la longitud

Hace mucho tiempo, la gente no tenía varas para medir. En lugar de ellas, se usaban las partes del cuerpo para medir la longitud. Éstas incluían las manos y los brazos. Se usaban las manos para medir la ropa.

La gente también usaba las partes de su cuerpo para medir edificios. Tenían que usar sus manos o sus pies.

Exploremos las matemáticas

Las medidas son importantes para los constructores.

Si una habitación rectangular de una casa mide 15 pies de largo y 12 pies de ancho, ¿cuántos pies mide el **perímetro**?

Pista: Recuerda que tienes que medir 4 paredes.

En el **antiguo** Egipto, una medida de longitud era el cúbito. Un cúbito era el largo del brazo de un hombre. El largo iba desde el codo hasta el extremo del dedo medio.

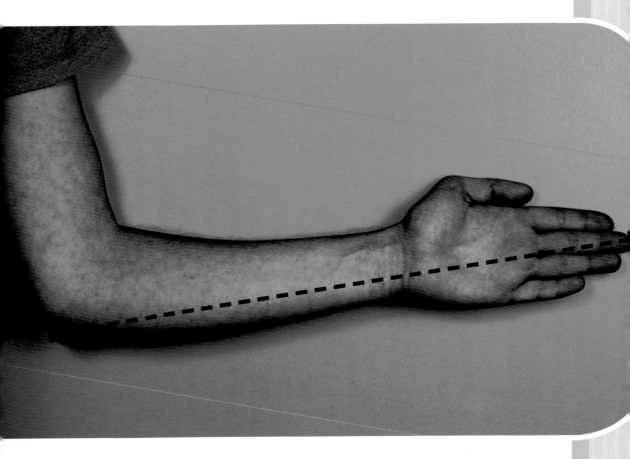

¿Cuánto medía el cúbito?

Un cúbito era aproximadamente igual a 18 pulgadas (46 cm). Los egipcios hicieron varas para medir el largo aproximado de un cúbito.

El cúbito fue usado para medir áreas de tierra. También fue usado para medir el nivel de las **inundaciones** del río Nilo.

El río Nilo causa inundaciones cada verano tras las fuertes lluvias.

Exploremos las matemáticas

Un cúbito mide unas 18 pulgadas (46 cm) de largo. Esto es alrededor de 1½ pies de largo. ¿Cuántos cúbitos mide un hombre adulto (de 6 pies)?

Pista: Usa la duplicación para ayudarte.

La gente también usaba el pie para medir. Esta medida era igual a la longitud del pie de un hombre **promedio**.

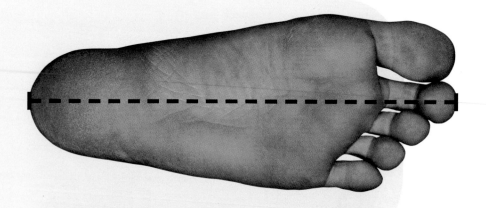

El pie de un hombre mide aproximadamente 12 pulgadas (30.5 cm).

Los dedos pulgares también se usaban para medir. Un pie tiene la misma longitud que el ancho de 12 dedos pulgares.

Pulgares para medir

El ancho del dedo pulgar de un hombre es aproximadamente igual a 1 pulgada (2.5 cm). De aquí probablemente provino la medida de una pulgada.

Medir la distancia

Los romanos fueron los primeros en medir una milla. Una milla era igual a 1,000 pasos. Cada paso equivalía a 5 pies. Así que una milla romana era igual a 5,000 pies.

Exploremos las matemáticas

En el tiempo de los romanos la gente con frecuencia recorría grandes distancias a pie. Usa la información anterior sobre la milla romana para responder a estas preguntas.

a. ¿Cuántos pasos había en 7 millas romanas?

b. ¿Cuántos pies hay en ½ de una milla romana?

Medir el volumen

La gente usaba semillas para medir el **volumen** de un recipiente. Ponían las semillas en el recipiente hasta que se llenaba. Luego contaban las semillas.

Medidas con agua

Hoy, con frecuencia usamos líquidos, como el agua, para medir el volumen de un recipiente.

Es importante conocer el volumen de un recipiente. Imagina que quieres comprar un recipiente de arroz. ¡Te gustaría saber de qué tamaño es el recipiente antes de pagarlo!

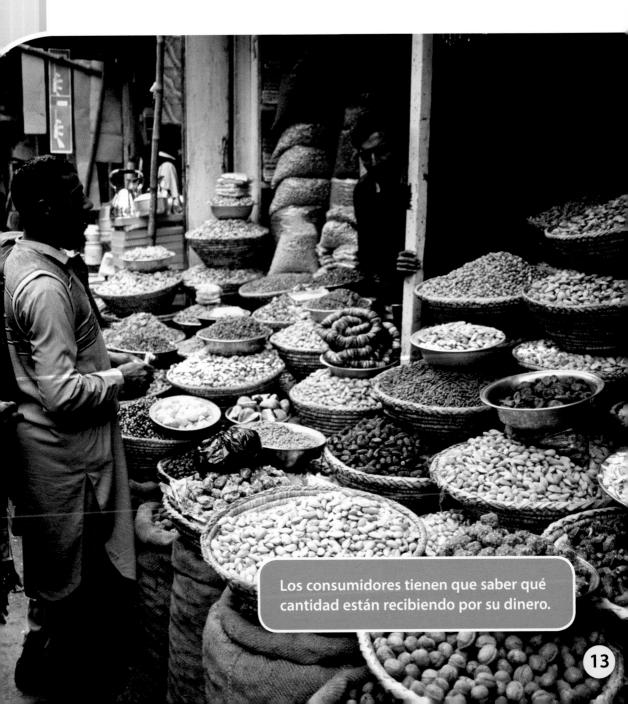

Los consumidores tienen que saber qué cantidad están recibiendo por su dinero.

Medir el peso

La gente usaba semillas y piedras para medir el peso de las cosas. El precio de muchos productos se basaba en su peso.

> Las balanzas fueron usadas para medir el peso de diferentes productos.

Exploremos las matemáticas

Hay 16 onzas en 1 libra.

a. ¿Cuántas onzas hay en ½ libra?

b. ¿Cuántas onzas hay en ¼ libra?

Pista: Usa mitades para ayudarte.

Las semillas de las algarrobas eran usadas para pesar el oro y los diamantes. El peso de una semilla de algarroba se llamaba quilate.

El oro y los diamantes aún hoy se miden en quilates. Hoy, un quilate pesa 0.2 gramos.

semillas de algarroba

diamantes

Medir el tiempo

La gente usa la posición del sol para ayudarse a saber el tiempo. Cuando el sol está en lo más alto del cielo, es mediodía.

El sol se mueve a través del cielo durante el día.

El reloj solar era la mejor manera de indicar qué hora era. Cuando la luz del sol llega a la manecilla de un reloj solar, proyecta una sombra. La sombra apunta hacia un número. Este número indica la hora.

Cómo decir qué hora es en la oscuridad

¡La gente no podía usar el sol para saber qué hora era de noche! Por eso se inventaron los relojes de agua. El agua goteaba de un recipiente a otro. El nivel del agua indicaba la hora.

Uniformar las medidas

Era fácil usar objetos naturales para medir. Pero los cuerpos, semillas y piedras no eran del mismo tamaño. Así que las medidas no siempre eran las mismas.

¡No todos somos iguales!

Uniformar las medidas

Con el tiempo, la gente decidió tratar de hacer medidas que fueran las mismas en todos los países. Por ejemplo, en lugar de que todos usaran un pie diferente de hombre para medir, se decidió que la medida de un pie fuera siempre de 12 pulgadas (30.5 cm).

Los egipcios hicieron una vara de cúbito **estándar**. La vara de cúbito estándar medía 20.6 pulgadas (52.4 cm). Todos podían medir los cúbitos del mismo largo con estas varas.

Los egipcios hicieron una de las primeras varas o reglas para medir.

20.6 pulgadas

Exploremos las matemáticas

La vara de cúbito egipcia medía 20.6 pulgadas o 52.4 centímetros de largo.

a. ¿Cuántas pulgadas había en 2 varas de cúbito egipcias?

b. ¿Cuántos centímetros había en 3 varas de cúbito egipcias?

La gente de lugares diferentes empezó a **comerciar** entre sí. Se pusieron de acuerdo en cómo se iban a medir las cosas. Esto significó que sus medidas serían las mismas.

Exploremos las matemáticas

a. ¿Qué unidad de medida usarías para medir la longitud de tu escritorio?

1. libras   **2.** centímetros   **3.** galones

b. ¿Qué unidad de medida usarías para medir el peso de tu mochila?

1. pies   **2.** litros   **3.** libras

En 1875, muchos países se pusieron de acuerdo en unificar todas las medidas. Así que ahora un metro en Francia tiene exactamente la misma longitud que un metro en los Estados Unidos.

Bienvenido a la convención del metro

Sin embargo, las mismas unidades de medida no se usan en todos los países. Los habitantes de los Estados Unidos miden las distancias en millas. Sin embargo, los australianos usan kilómetros.

SIGUIENTES 35 km

Exploremos las matemáticas

a. ¿Qué unidad de medida usarías para medir la longitud de una bicicleta?

1. millas   **2.** pulgadas   **3.** pies

b. ¿Qué unidad de medida sería mejor para medir la longitud del camino de tu casa a la casa de tu amigo en la ciudad vecina?

1. pies   **2.** centímetros   **3.** millas

Antes y ahora

Muchas unidades antiguas de medida siguen usándose hoy en día. Pero han cambiado con el transcurso de los años para hacerse mucho más **precisas**.

Este aviso indica que esta piscina de natación tiene 5 pies de profundidad.

El pie es una medida que aún se usa hoy en día. Pero no todos tienen los pies del mismo tamaño. Así que hoy un pie es siempre 12 pulgadas (30.5 cm).

Un pie real

¡Algunos creen que la medida antigua del pie se basaba en la longitud del pie del rey Enrique I! Él fue rey de Inglaterra desde cerca de 1100 hasta 1135. Su pie medía 12 pulgadas (30.5 cm) de largo.

Rey Enrique I

La milla aún se usa para medir la distancia en los Estados Unidos. Hoy, una milla mide aproximadamente 280 pies (87.5 m) más que la antigua milla romana.

Por mucho tiempo se ha usado la mano para medir la altura de los caballos. Aún se mide a los caballos con las manos. Pero hoy, una mano mide siempre 4 pulgadas (10.2 cm) de largo.

¿Qué altura tiene un caballo?

La altura de un caballo se mide desde el suelo hasta la parte media del lomo del caballo.

Las medidas se han hecho más precisas con el transcurso de los años.

¿Qué harás la próxima vez que necesites medir algo? ¿Usarás tu regla? ¿O tus pies?

Si no tienes una regla, ¡usa tus pies para medir!

Simplificar el problema

La casa de Edwina es rectangular. Mide 33 pies (10 m) de ancho y 50 pies (15 m) de largo. Hay una llave de agua al extremo izquierdo delantero de la casa. Ella quiere plantar un jardín alrededor del perímetro de su casa.

¡Resuélvelo!

a. ¿Cuál es el largo total alrededor del jardín de Edwina?

b. ¿Qué tan larga debe ser la manguera de Edwina para regar todo el jardín?

Pista: Ella debe medir el borde del jardín. Puede llevar la manguera ya sea a la izquierda o a la derecha de la llave de agua.

Usa los pasos de la página 29 para ayudarte a resolver los problemas.

Paso 1: Dibuja un plano de la casa de Edwina. Dibuja una llave de agua en el extremo izquierdo delantero. Identifica el largo y ancho de cada lado de la casa en pies.

Paso 2: Suma el largo y ancho de la casa de Edwina para encontrar el perímetro.

Paso 3: Encuentra la parte del jardín que esté más alejada de la llave.

Paso 4: Suma el largo de los lados para encontrar la distancia desde la llave de agua hasta la parte más alejada del jardín. Éste es el largo que debe tener la manguera.

Glosario

antiguo—muy viejo

comerciar—entregar a alguien bienes y recibir bienes a cambio

estándar—una medida o nivel con el cual se pone de acuerdo mucha gente

inundación—cuando el agua se desborda de sus límites normales

mercancías—cosas que puedes comprar o comercializar

natural—parte de o proveniente de la naturaleza

perímetro—la distancia alrededor de una figura

preciso—sin errores

promedio—el más común o usual

volumen—la cantidad de espacio que ocupa algo

Índice

cúbito, 8–9, 19

egipto, 8–9, 19

manos, 6–7, 26

pulgadas, 8–10, 18–19, 22, 24, 26

vara de medir, 6, 8, 19

metro, 21, 25

milla, 11, 22, 25

onza, 14

libra, 14, 20

romanos, 11, 25

regla, 19, 27

balanzas, 14

semillas, 5, 12, 14–15, 18

piedras, 5, 14,

sol, 5, 16–17

Exploremos las matemáticas

Página 7:
15 pies + 15 pies + 12 pies + 12 pies = 54 pies

Página 9:
6 pies = 4 cúbitos

Página 11:
a. 7 millas = 7,000 pasos
b. 2,500 pies

Página 14:
a. $\frac{1}{2}$ libra = 8 onzas
b. $\frac{1}{4}$ libra = 4 onzas

Página 19:
a. 20.6 + 20.6 = 41.2 pulgadas
b. 52.4 + 52.4 + 52.4 = 157.2 cm.

Página 20:
a. centímetros
b. libras

Página 22:
a. pulgadas
b. millas

Actividad de resolución de problemas

a. El largo total del jardín de Edwina sería 33 pies + 33 pies + 50 pies + 50 pies = 166 pies.
b. La manguera de Edwina tendría que medir 33 pies + 50 pies = 83 pies de largo.